UNE COMMUNE

DE LA SARTHE

PENDANT L'INVASION

(1870-1871)

ANGERS

IMPRIMERIE DU COMMERCE, L. HUDON

rue Bodinier, 25

1874

APPENDICE

Chers Concitoyens,

A vous s'adressent ces quelques pages. Appelé à diriger l'administration municipale pendant la sombre époque de la guerre, et, au milieu de l'effondrement général causé par l'invasion, revêtu d'une sorte de dictature, je n'ai guère ignoré de ce qui concernait chacun de vous. La plupart, vous apportiez à la Mairie vos plaintes, vos demandes, vos misères, et si nous n'avons pu vous soulager tous, c'est que, hélas! trop souvent les moyens manquaient à notre volonté.

Ce simple résumé ne contient rien qui ne soit rigoureusement vrai; si j'ai cru devoir taire quelques défaillances, je n'ai rien exagéré dans les dévouements; et, certes, notre Parigné-l'Evêque peut présenter avec quelque fierté à nos enfants le récit de ses faits et gestes pendant la guerre.

Tout passe vite ici-bas, les générations se succèdent et les souvenirs le plus cruels disparaissent avec les années. Qui connaît aujourd'hui les affreuses souffrances de nos aïeux, quand Parigné fut brûlé par les Anglais, pendant la guerre de cent ans? La tradition a conservé comme seul souvenir la destruction du château de Javron; et, du village totalement incendié, il ne reste plus que le nom : (*Pagus-ignitus*, village brûlé).

Certes, ce petit opuscule ne compte point survivre au temps; mais mon but sera atteint si je puis conserver dans vos cœurs et allumer dans ceux de nos enfants les sentiments que vous éprouviez pendant la guerre : *dévouement* absolu à notre Patrie; *haine* nationale contre les Allemands, spoliateurs de notre France bien-aimée, et ravisseurs de nos sœurs martyres, l'Alsace et la Lorraine.

Dr FOURNIER.

Décembre 1874

UNE COMMUNE

DE LA SARTHE

PENDANT L'INVASION

Parigné-l'Evêque, sis à 15 kilomètres à l'est du Mans, 11 kilomètres du Grand-Lucé, fait partie du 3e canton du Mans, dont il est la commune la plus importante par sa population (3,500 habitants) et l'étendue de son territoire.

Ses habitants partagent leurs travaux entre la culture d'un sol peu fertile et le tissage de la toile. Cette industrie, quelques années avant la chute de l'empire, occupait environ 500 métiers,

Aussi scrupuleux observateurs des lois que soucieux de leur indépendance, ses enfants ont toujours avec énergie défendu la liberté, depuis 1789 jusqu'à nos jours. En 1793, la famine fut affreuse, et les habitants, réduits à se nourrir de pain de fougère, envoyèrent leurs volontaires lutter pour la République, dans la Vendée comme aux frontières. Plusieurs se distinguèrent dans les grandes guerres de cette époque, et l'un d'eux, le général Brard, succomba avec la fortune de la France aux champs de Waterloo.

Pendant la première République, la commune fut plusieurs fois envahie par les chouans, et eut à souffrir de leurs incursions Sous Napoléon Ier et les gouvernements qui suivirent, l'histoire de Parigné-l'Evêque est, comme celle de toutes les communes rurales, presque nulle. Notons seulement qu'en 1815, les troupes de la Sainte Alliance occupèrent notre département, les nôtres étaient de l'artillerie prussienne qui ne se fit pas faute de nous traiter en pays conquis. En 1817, le curé Suavin ayant voulu rétablir la dîme, fut expulsé par les habitants, et l'église resta pendant plusieurs mois sans desservant. Il eut pour successeur un homme vraiment évangélique, M le curé Richard, qui gouverna sa paroisse avec sagesse, pendant près de quarante ans, et fut toujours fidèle à l'enseignement de Celui qui a dit : Mon royaume n'est pas de ce monde. Jamais il n'eut la prétention de mener la commune et se fit au contraire un devoir de rester étranger aux questions qui pouvaient la diviser Aussi sa mémoire y est-elle entourée encore aujourd'hui de la vénération de tous. De 1820 à 1822, M. Picot-Désormeaux, qui habitait Parigné, où il est né, représenta l'un des colléges de la Sarthe, dans la Chambre des députés de la Restauration et siégea à côté de Benjamin Constant, dont il fut l'ami et dont il partageait les idées libérales. De 1830 à 1832, les chouans menacèrent à diverses reprises notre territoire, mais l'heureuse paix du règne de Louis-Philippe éteignit les discordes et créa une grande prospérité locale.

Quand des fautes de ce vieux roi jaillit la révolution de 1848, la proclamation de la République et l'établissement du suffrage universel suscitèrent dans nos campagnes une émotion jusqu'alors inconnue. Elles acceptèrent avec plaisir cette forme de gouvernement, et lorsque la République sombra dans le lugubre guet-apens du 2 Décembre, plusieurs de nos concitoyens, qui s'étaient levés pour la défendre, furent internés ou proscrits.

Après l'établissement du second empire, flattés, comme le reste de la France, de l'apparente prospérité du règne, nous aurions pu oublier les proscriptions de ses débuts, renouvelées en 1858. Pourtant il n'en fut rien : les électeurs de 1869 donnèrent 500 voix au candidat se disant républicain, contre 173 au candidat officiel ; et quand, au 8 mai 1870, le gouvernement demanda le vote de l'artificieux plébiscite, Parigné-l'Evêque donna 518 *oui* et 278 *non*. C'étaient 207 votes négatifs de plus que la moyenne du département. Et pourtant, quelle pression ne fut point exercée par les fonctionnaires de tous ordres, depuis les ministres affirmant que voter *oui* c'était voter la paix, jusqu'aux plus infimes employés forcés de faire de la propagande impériale.

Hélas ! *oui* c'était la *paix !* On nous le fit bien voir. Six semaines n'étaient point écoulées, que la France retentissait du bruit des armes. On allait se venger de la Prusse qui nous insultait, marcher sur Berlin, châtier des arrogants, cueillir de nouveaux lauriers, etc.

En attendant, nos campagnes qui avaient voté pour la paix, voyaient leurs enfants rappelés sous les drapeaux, et ceux-ci n'étaient pas arrivés aux armées, que déjà les désastres commençaient. Qui ne se souvient de notre stupeur à la nouvelle de nos défaites? Werth, Wissembourg, Reischoffen, Forsbach! Dévouements sublimes, stériles résultats!

Quelque temps après, le 12 août, le gouvernement, déjà aux abois, appela les gardes mobiles. Trente-quatre enfants de notre commune partirent pour le Mans, où ils furent exercés jusqu'au 7 octobre. Désignés pour faire partie du 16e corps, dans le 33e régiment de mobiles, ils furent dirigés sur Vierzon et Blois. Ce n'est point ici le lieu de rappeler leur conduite, il nous suffira de dire que, incorporés dans la 6e compagnie du 2e bataillon, sous les ordres du vaillant capitaine Couturier, ils se distinguèrent entre tous à Coulmiers, au château de Villepion, à la ferme de Mee où ils firent de nombreux prisonniers à la baïonnette, à Changé, et enfin à Saint-Jean-sur-Erve, où ils terminèrent cette affreuse campagne par un brillant fait d'armes. Puis décimés par les combats, les fatigues et les maladies, ils furent licenciés au commencement de mars. Hélas! tous ne revinrent pas, et parmi les plus heureux, combien aujourd'hui dont la santé soit intacte ?

Souscription pour les blessés.

Pendant que nos enfants se préparaient à défendre la patrie, les habitants de Parigné l'Evêque ne restaient pas inactifs. Des quêtes de linge et d'argent donnèrent d'excellents résultats. Nos femmes et nos jeunes filles se réunirent chaque jour pendant six semaines, dans un appartement du presbytère, pour transformer ces dons en objets de pansements. Dirigées par les indications du docteur Fournier, Mlles M. Roncière et C. Mélisson présidèrent aux travaux, et nous pûmes envoyer à Paris et au Mans 200 kil. d'objets immédiatement utilisables. Nous en conservâmes encore 130 kil. qui nous rendirent plus tard d'éminents services. Cet exemple de Parigné fut imité dans les communes voisines : Brette envoya 120 kil., et Challes 98 kil. au comité central du Mans.

Démission de la Municipalité.

Cependant les événements se précipitaient avec une vitesse effrayante. Malgré les bulletins annonçant les victoires de Bazaine et l'anéantissement de l'ennemi, nous apprenions chaque jour un nouveau désastre : c'était l'armée du Rhin bloquée dans Metz, l'empereur livrant sa personne et son armée à Sedan, l'effondrement de l'empire, l'investissement de Paris, l'occupation par les Allemands de Rambouillet, de Chartres et d'Orléans Dans ces anxiétés nous passâmes tout le mois de septembre.

Au début d'octobre, nous apprîmes que le maire et ses adjoints avaient donné leur démission. Nous restâmes sans administration locale jusqu'au 13 octobre, jour où le nouveau préfet, Lechevalier, nomma maire et adjoints, à titre provisoire, les trois conseillers municipaux premiers inscrits au tableau. C'étaient MM. Fournier, docteur-médecin, T. Bonhommet, propriétaire, et Macheteau, commerçant Quoiqu'ils n'eussent pas été consultés, le patriotisme leur fit un devoir d'accepter ces fonctions abandonnées, qu'ils n'avaient ni ambitionnées ni sollicitées. Elles s'annonçaient si pénibles, que personne ne les leur enviait alors.

Gardes Nationales

Un décret du gouvernement de la Défense nationale ordonna la levée de la garde nationale. Notre commune, divisée en quatre sections, forma quatre compagnies. Brette, Challes, Ruaudin nous furent adjointes, formant chacune deux compagnies, pour constituer un bataillon. Elles choisirent pour commandant M. A. Leporcher, capitaine d'infanterie en retraite, chevalier de la Légion d'honneur. Bientôt celui-ci qui, dès nos premiers revers, s'était mis à la disposition du ministre de la guerre, nous quitta pour aller à Poitiers diriger un dépôt, et plus tard commander un bataillon de mobilisés de la Vienne. Il fut remplacé par un des capitaines de compagnie, M. Blanche, qui accepta malgré lui ces pénibles fonctions.

Notre garde nationale, ainsi organisée, remplit un service très-actif de surveillance, et fut de la plus grande utilité. D'abord chaque nuit, et plus tard jour et nuit, il y eut seize, et, selon les circonstances, jusqu'à vingt-cinq hommes de garde. Des patrouilles parcouraient, pendant les ténèbres, la commune dans tous les sens. Dirigés par l'adjudant-sous-officier, A. Blossier, qui montra une volonté et une persévérance des plus louables, armés de fusils à percussion et de cartouches, nos gardes nationaux surent imposer une telle crainte aux maraudeurs, que pas une malversation n'eût lieu sur tout notre territoire. Grâce à leur zèle, nous pûmes arrêter nombre de gens sans aveu, même des espions prussiens qui furent conduits au Mans, et dont trois, dit-on, furent passés par les armes.

Jamais, en effet, n'avaient autant pullulé ces sortes de nomades, vivant dans des voitures sordides attelées de chevaux étiques, d'ânes, de chiens, etc. D'où ils venaient, où ils allaient, quelles étaient leurs occupations, autant d'énigmes. Nombre avaient des permis de circuler suspects ; et de ces vagabonds, certains furent surpris marquant au crayon de signes inconnus, les maisons de Parigné-l'Evêque, de Challes, etc., et même les arbres et les croix des chemins ruraux.

Exode des Beaucerons

Rendus vigilants par notre inquiétude même, car nous venions d'apprendre sa chute héroïque et l'incendie de Châteaudun (18 octobre), nous pressentions l'approche de l'ennemi. De nombreux émigrants de la Beauce et du Perche traversaient notre village, conduisant leurs troupeaux et ce qu'ils avaient de plus précieux. Ils s'en allaient vers la Basse-Loire, fuyant le vol et l'incendie.

Vers la fin d'octobre, nous entendîmes pour la première fois le canon dans la direction de Connerré. Afin de s'éclairer, le maire fit appel aux hommes de bonne volonté, en choisit six, les arma de carabines anglaises à tiges, et les pria d'aller aux renseignements. Quatre d'entre eux, les sieurs A. Durin, Roncin, Lebouleux et Bellanger, allèrent jusque dans Connerré et n'en sortirent qu'au moment où y entraient les Prussiens.

Création d'Éclaireurs

Le préfet de la Sarthe, comprenant l'importance des services que pouvaient rendre ces volontaires, demanda la création dans chaque commune de cinq éclaireurs destinés à servir de guides aux troupes françaises. Ils furent armés d'excellentes carabines Remington. Trois des nôtres, les sieurs Lebouleux père et fils et Bellanger, montrèrent dans ces fonctions le plus grand dévouement. Tous les jours, un ou plusieurs d'entre eux faisaient une excursion à plusieurs lieues, même au-delà de Saint-Calais. Ils conduisirent la division Jouffroy jusqu'auprès de Ruillé

Nous considérons comme un devoir de rendre ici témoignage de l'abnégation de ces braves citoyens ; ils firent toutes leurs courses à leurs frais, sans autre récompense que le sentiment d'un devoir accompli et les remerciements cordiaux du maire.

Le 23 novembre, 29 mobilisés de Parigné quittaient leurs foyers, après avoir pendant un mois, fait l'exercice sous la direction du vieux soldat Laubier. Celui-ci, père de famille, partit en volontaire avec ses élèves, et fit la campagne avec eux jusqu'au licenciement.

Pour ralentir l'approche de l'ennemi dont, vers la fin de novembre, quelques cavaliers avaient paru à Evaillé et à Tresson, le Comité de Défense ordonna de couper les routes et chemins vicinaux par des tranchées. Ces travaux faits sans discernement par des agents inférieurs furent inutiles contre l'ennemi et occasionnèrent beaucoup d'accidents aux gens du pays.

Le 25 novembre, le canon retentit dans la direction de Bouloire ; nos éclaireurs rapportèrent qu'une fraction nombreuse du 13e corps (Mecklembourg) se dirigeait vers Volnay. Dans la nuit, le maire envoya le capitaine Lubireau et Chardon fils au Mans, prévenir le préfet et le général. Le 26, à midi, les détonations semblaient se rapprocher, et notre population était sous le coup d'une vive émotion.

Tout à coup, arrive poudreux, haletant, un messager de la municipalité d'Ardenay. Il apporte l'avis que des troupes françaises, dans cette commune, manquent de vivres. Aussitôt des volontaires répandent cette nouvelle dans nos campagnes. Avec une rapidité inouïe, chaque ménage rassemble ce qu'il possède, et deux heures sont à peine écoulées, que 12 voitures conduites au galop remettent leur plein chargement aux troupes de Bretagne campées à la Butte d'Ardenay et à Saint-Etienne. Les vivres continuèrent d'affluer à la mairie, mais bientôt nous dûmes changer la destination de ces patriotiques offrandes.

En effet, nous recevions nous même de nombreux régiments. Le 25, à 3 heures, arrive au pas de course une compagnie des francs-tireurs de l'Hérault ; leur chef place des sentinelles sur tous les lieux élevés, et s'empare des clefs du clocher. A 4 heures, 120 hussards viennent en éclaireurs, lancent des patrouilles dans diverses directions, et campent dans le pré de la Croix. Une demi-heure après, plus de 12,000 hommes avec artillerie, formant la division Rousseau, viennent s'installer au milieu de nous. L'allégresse générale leur ménage la plus cordiale réception : des quantités de cidre, de vin et de vivres sont mises à leur disposition. Tout le village est occupé, mais son insuffisance et les nécessités stratégiques obligent leur chef à disséminer une partie des troupes, aux Lairs, aux Boutinières, et à Montmorillon Enfin, installés le mieux possible, ils passent la nuit sur notre territoire, et repartent le lendemain chargés de provisions et heureux de notre accueil.

Il nous était facile d'être généreux envers nos chers soldats. La demande de la municipalité d'Ardenay avait dépassé notre commune, un souffle de patriotisme l'avait en quelques heures transportée au loin. Pendant la nuit du 26 et tout le jour du 27 novembre, il nous arrive de tous côtés des charges considérables de pain, viandes crues et cuites, légumes, fruits, vin, cidre, etc. Nous sommes certain de ne rien exagérer en évaluant à 80 000 kilog., les dons de pain ; 60 barriques de cidre, 12 de vin, étaient dans nos rues et nos places à la disposition des troupes. Plus de 100 hectolitres de pommes de terre, 1,500 kil. de viandes diverses, volailles, etc. ; autant de fromages ; des tas énormes de légumes et de pommes à manger attestaient la générosité de la population sarthoise.

Presque toutes les communes du sud-est du département envoyèrent leur offrande; et beaucoup n'exigèrent pas même de reçus; et, au milieu de l'effroyable désordre causé par la présence de près de 55,000 hommes, nous n'avons pu tenir note exacte de tous les dons, sauf des communes ci-après :

St-Ouen-en-Blin fournit, pain, 1,500 kilogrammes.

Foulletourte fournit, pain, 2,500 kilogrammes.

Marigné fournit, pain, 4,000 kilogrammes, vin, cidre, 8 barriques.

Parigné le-Pôlin fournit, pain, 1,100 kilogrammes, cidre, 3 barriques.

Verneil le-Chétif fournit, pain, 1,400 kilogrammes.

Ecommoy fournit, pain, 4,000 kilogrammes.

Oizé fournit, pain, 2,000 kilogrammes.

Le Lude fournit, pain, 2,214 kilogrammes.

En envoyant ces dons, chacun des maires nous offrait encore davantage s'il était nécessaire. Et c'était dans une année de disette et de calamité affreuse ! Mais alors, nous n'avions tous qu'une âme, qu'un sentiment au cœur, le dévouement à notre patrie malheureuse.

La distribution de cette prodigieuse quantité de vivres présentait de graves difficultés. Elle eut lieu par les soins de la municipalité à la division Rousseau, et au reste du 21e corps, jusqu'au 27 à midi. Dès l'arrivée de l'intendant général, M. de la Grandville, tout cet amas fut remis entre ses mains pour le plus judicieux emploi.

Le 27 novembre, à peine la division d'avant-garde était-elle partie qu'arrivait le général en chef Jaurès avec vingt et quelques mille hommes. Puis vers deux heures vingt autres mille soldats, avec toute la cavalerie et l'artillerie. A chacun des officiers principaux, et même subalternes, il fallait fournir des logements. C'était une confusion dont jamais notre pauvre village n'avait eu l'idée, et si nous avons pu contenter à peu près tout le monde, selon nos faibles ressources, nous l'avons dû à l'admirable zèle, à la patience inouïe et à la prudence de notre secrétaire de mairie, M. Deneu. Environ 40,000 hommes passèrent la journée du 27 et la matinée du 28

R.F. BIBLIOTHÈQUE NATIONALE IMPRIMÉS

sur notre commune, bivouaquant depuis la Vaudère, les Boutinières, les Lairs, Luère, jusqu'à Brette, où dut s'installer le général Collin

C'était un spectacle merveilleux de voir pendant la nuit ces milliers de feux couronnant toutes les collines. Ce mouvement insolite, l'aspect de ces troupes nombreuses, de leur artillerie surtout, remettaient dans nos cœurs la confiance, un peu effacée déjà, qu'avait éveillée la bataille de Coulmiers. Ces soldats, ils allaient venger nos désastres, ils allaient combattre et mourir peut-être pour la France. Aussi quel empressement pour les accueillir! Partout on distribuait gratis non-seulement les vivres et boissons, le linge pour les éclopés, mais chaque maison regorgeait de soldats, faisait d'énormes soupes pour ses hôtes d'un jour. Nous pensions tous, hélas! à nos enfants qui combattaient à cette heure les ennemis de la patrie; donner à leurs frères d'armes, n'était-ce pas donner aux nôtres?

Combien aussi était touchant le dévouement de beaucoup de ces soldats improvisés! Il nous souvient d'avoir vu le fils et le gendre d'un des grands propriétaires de notre commune, l'un et l'autre pères de famille, enrôlés aux volontaires de l'Ouest, nous les avons vus, dis-je, donner l'exemple et s'estimer heureux de trouver quelques bottes de paille dans un corridor pour se reposer. Ah! oui, dans ce temps, la France n'avait qu'une âme, qu'un amour au cœur! Oui, la cause était sainte, et sublime l'esprit de sacrifice!

A ces souvenirs si tristes, quoique si honorables pour notre village, le cœur nous saigne. De tous ces braves défenseurs, combien devaient, malgré leur vaillance, succomber sous le feu de l'ennemi, dans ses prisons, ou mourir au retour des maladies acquises pendant la campagne! Mais poursuivons notre récit sans anticiper sur l'avenir, il nous réservait, hélas! bien d'autres amertumes.

L'armée continuant sa marche nous quitte le 28. Les troupes emportaient les provisions nécessaires et même superflues. Notre réception avait touché le cœur de nos soldats; les généraux nous offrirent leurs félicitations, et quatre mois après, des officiers réunis auprès de Poitiers déclaraient que le pays où ils avaient été le mieux accueillis était la Sarthe, et en particulier Parigné-l'Evêque.

Qu'on nous permette ici une digression, quelques mots des besoins de notre armée. Le cri de famine lancé par la municipalité d'Ardenay et si généreusement entendu, était peut-être justifié pour les troupes de Bretagne; mais nous devons déclarer que pour presque tout le 21e corps qui a passé dans notre village, les soldats avaient dans leurs sacs pour trois jours de vivres en biscuit, et que des parcs d'animaux suivaient l'armée. Néanmoins, une partie des troupes avait quitté le Mans avant la distribution du biscuit, et dut laisser des hommes de corvée pour recevoir son contingent. L'encombrement de la route par d'interminables convois, ne permit point à ces vivres d'arriver à leur destination avant le 28. Il est donc vrai qu'un certain nombre de nos soldats n'auraient rien mangé de toute la soirée du 27, sans la fraternelle hospitalité qui les attendait à Parigné-l'Evêque. En outre, par la froide et humide température, le cidre et le vin, distribués en abondance, étaient fort nécessaires.

Le départ de l'armée pour St-Calais et Vendôme causa de lourdes charges à une partie de nos habitants. L'intendant général avait réquisitionné beaucoup de voitures de transport avec leurs conducteurs ; et nombre de cultivateurs durent abandonner leurs travaux pour suivre leurs attelages. On nous avait promis de les renvoyer après 24 heures, mais les nécessités de la guerre les retinrent pour la plupart, et il en est qui firent la campagne tout entière jusqu'à la retraite du 21e corps, soit six semaines, couchant sous leurs voitures, sans abri, sans argent, sans rations régulières pour eux et leurs chevaux. Leur misère fut telle que quelques-uns préférèrent abandonner chevaux et charrettes ainsi que leur droit à l'indemnité de 5 fr. par jour et par collier.

Outre les réquisitions de chariots, il y en eut de fourrages et d'avoine, jusqu'à épuisement de nos greniers bien pauvres. La récolte de 1870 avait été presque nulle ; le foin valait 220 fr. les 1,000 kil., l'avoine 30 fr. l'hectolitre. Enfin le passage de si nombreuses troupes avait causé d'énormes pertes de paille et de bois, des bris de clôture, avaries aux blés semés, etc. Toutes pertes que nous ne pûmes faire indemniser.

Chaque jour, du 29 novembre au 6 janvier, nous eûmes à supporter le passage de détachements et de convois considérables, allant à l'armée de la Loire ou revenant avec elle. Jusqu'au 12 décembre, nous avons alimenté de légumes et de pain toutes les troupes de passage, avec ce qui restait dans notre magasin. A cette époque, le pain commençant à s'avarier, la municipalité en fit le triage. Le plus défectueux nourrit les chevaux ; le meilleur fut distribué aux indigents de Parigné et des communes voisines. Enfin l'on vendit pour 258 fr. de pommes de terre.

Création d'une ambulance.

Une aussi nombreuse armée, en marche pendant l'hiver, n'est point sans fournir beaucoup de malades. Parigné-l'Evêque n'a point d'hôpital. Il y eut nécessité de créer une ambulance provisoire. N'ayant ni personnel ni maison appropriée, grand eût été notre embarras, sans la générosité d'un de nos compatriotes. Suspendons un instant notre récit, pour rendre hommage à la mémoire de ce noble cœur.

Propriétaire en notre commune, M. J. Verdier exerçait la médecine au Mans. Doué d'une rare intelligence, également apte aux lettres, aux arts et aux sciences, il était surtout remarquable par les qualités du cœur ; inaltérable était sa bienveillance, inouï le charme de sa bonté ; on ne pouvait le connaître sans l'aimer. A peine arrivé à toute la maturité de son talent, une douloureuse maladie le contraignit à quitter la pratique médicale. Il chercha des consolations à ses cruelles souffrances dans l'étude des sciences physiques, et trouva moyen d'être utile encore.

C'est au milieu de ces occupations que la guerre le surprit.

Dès le début et en prévision des événements, M. Verdier mit sa maison de Parigné à la disposition de son confrère et ami le Dr Fournier, pour y recueillir des blessés. Au Mans, il disposa de même d'un vaste immeuble, et non content de ces sacrifices, il rentra dans la vie militante et prit sa part du sublime dévouement des médecins du Mans.

Bientôt la cruelle maladie reprit ses droits, et l'ennemi avait à peine quitté notre département, que la mort éteignit avant l'âge ce grand cœur usé par la souffrance et les douleurs de la patrie.

Nous l'avons vu conduire à sa dernière demeure, entouré du respect et des regrets de toute une grande ville, léguant à son jeune fils l'exemple d'une vie pure et toute remplie de dévouement.

La maison, mise à notre disposition avec son mobilier, contenait sept lits. Le Dr Fournier y organisa une ambulance, aidé en cette œuvre avec le plus grand zèle par Mlle M. Rocher. Destinée au début à recueillir des malades, en attendant l'évacuation sur le Mans, cette maison devint vite insuffisante. Bientôt nous dûmes garnir de paille tous les appartements pour y recevoir jusqu'à 29 soldats.

La gravité des cas nous força de garder des sujets qu'il était impossible d'évacuer. L'épidémie de variole hémorragique frappait cruellement l'armée, et notre petite ambulance eut six décès à regretter. En quatre semaines, nous avons secouru 132 malades ; ce chiffre démontre l'utilité de notre création ; mais nos faibles ressources furent bientôt épuisées, et nous aurions été forcés de fermer cet établissement, si le préfet et l'intendant général ne nous avaient secourus.

Grâce à une subvention, nous pûmes recueillir nos passagers malades jusqu'au 6 janvier 1871. L'approche de l'ennemi nous obligea d'évacuer sur le Mans.

Pendant le mois de décembre, le gouvernement de la Défense nationale continuait l'organisation de nouvelles forces. Parigné-l'Evêque reçut en garnison une compagnie de francs-tireurs, le 7e cuirassiers de marche, et le 4e hussards de marche, en formation dans notre localité. Nous accueillîmes de notre mieux officiers et soldats. Les hussards furent tous cantonnés par leur excellent colonel de Noüë, dans le bas du village ; les chevaux, soignés et nourris aussi bien que permit le dénuement du pays, ne causèrent aucune perte, et un seul homme entra à l'ambulance jusqu'à leur départ, le 27 décembre.

Moins heureux fut le 7e cuirassiers : malgré les avis réitérés du maire, le colonel fit bivouaquer son régiment au sommet de la butte de Luère, dans un lieu exposé à toutes les intempéries, par un froid de neuf degrés. Aussi, en deux nuits, vingt chevaux périrent et dix hommes entrèrent à l'ambulance pour congélations. Il fallut les ordres absolus de ses chefs, pour le forcer à cantonner les restes de son malheureux régiment, dont hommes et chevaux faisaient pitié. Terminons ce qui concerne le 7e cuirassiers, en disant qu'un soldat fut passé par les armes pour désertion, et que, restés à Parigné-l'Evêque jusqu'au 9 janvier, ils en partirent si précipitamment qu'ils abandonnèrent leurs sentinelles sur les routes de Challes et du Grand-Lucé, ainsi qu'un capitaine malade dans le village. Tous les habitants peuvent attester la véracité de notre récit, et l'ordre du jour du général Chanzy du 9 janvier, n° 208, constate le fait avec un blâme énergique.

Le 23 et le 24 décembre, arrive la division Jouffroy, envoyée en reconnaissance vers Saint-Calais et Vendôme. Nouvelle charge et nouveau dévouement de nos habitants, qui soignèrent comme leurs enfants nos chers soldats épuisés par les marches et les combats de toute la campagne.

Dans ces temps de douloureuse mémoire, où tant de spectacles étranges frappèrent nos yeux, nous vîmes, le 25 décembre, les éclaireurs arabes, campés sur nos places. Quand l'Europe entière nous abandonnait ou applaudissait à nos malheurs, seuls, ces enfants de l'Algérie vinrent, en volontaires, verser leur sang pour nous. Ces fils du soleil, ces fiers descendants d'Abdérame qui, depuis onze cents ans, n'avaient point foulé notre sol, ces vaincus d'hier, venaient, sous un froid atroce, secourir notre France bien aimée. Qu'ils étaient bons, doux et vaillants, ces braves Africains, sur leurs petits coursiers si agiles! Hélas! presque tous succombèrent quelques jours après, en couvrant la retraite de notre division, au combat des Roches.

Du 25 décembre au 9 janvier, le flot des débandés, des fuyards, ne cessa d'augmenter, et le service de notre garde nationale, aidant les cuirassiers, devint très-pénible.

Le 5 janvier, vers huit heures du soir, par un temps froid et brumeux, un convoi de cent voitures passa à Parigné. Le lieutenant qui le conduisait, ramenait avec lui douze soldats malades ; il réclama pour eux les secours de la municipalité. Le maire, dans l'impossibilité de les soigner lui-même, les adressa aux docteurs d'une belle ambulance du 15e corps, qui s'était installée le jour même dans le village. Ces messieurs, occupés à jouer, refusèrent de soigner ces malheureux, et répondirent au maire avec la dernière insolence. Il dut en référer à un intendant du 15e corps, alors de passage, lequel les rappela avec énergie à leur devoir. Un rapport en fut remis le lendemain au digne amiral Jauréguiberry, qui promit que justice serait faite de *ces parasites qu'on ne voyait jamais sur les champs de bataille.*

Le 6 janvier, l'état-major, avec une partie du reste du 16ᵉ corps, s'arrêta à Parigné-l'Evêque, et repartit le lendemain, sous une neige abondante qui ne cessa de tomber jusqu'au 9.

Le 9 au matin, le village était traversé par de nombreux fuyards de la division Jouffroy, brisés de fatigue, bon nombre sans armes, sans sacs, tous portant dans leur maintien les traces de leurs souffrances et de leur découragement. Les cuirassiers essayèrent en vain de les arrêter ; ils tournèrent le bourg par les sentiers, et continuèrent leur route vers le Mans.

La canonnade retentissait du côté d'Ardenay et du Grand Lucé, nos éclaireurs nous annoncèrent l'arrivée de l'ennemi à Surfond, Volnay et Challes Vers midi, le brusque départ des cuirassiers ne nous laissa aucun doute sur sa prochaine apparition. A trois heures, un messager, envoyé de la ferme de la Perrée, nous apprit l'occupation de cette contrée par les Prussiens.

Le 3e corps, dont ils faisaient partie, suivit, après le combat d'Ardenay, le chemin vicinal de Parigné jusqu'à la Gambardière. Puis il prit un chemin de traverse conduisant, par Gardonnière, au gué de l'Aulne, où le rejoignit une nombreuse colonne venant de Surfond; ils jetèrent un pont sur la rivière en amont du gué encombré de glaces, et la franchirent avec 60 pièces d'artillerie. De là, ils suivirent l'ancienne route de Saint-Calais, jusqu'aux Verne les, occupant toutes les fermes des Braux, Loudon, la Buzardière, la Chasserie, etc. Enfin, à la chute du jour, ils s'emparèrent de la Beucherie, des Corlevé, des Guettes, et posèrent leurs premières sentinelles au Pont. Dès 4 heures du soir, trois cavaliers s'avancèrent à 100 mètres du bourg, et vers 11 heures, une dizaine de hulans y entrèrent, et prirent du tabac et de l'eau de-vie.

Telle était leur position : ils occupaient tout le coteau au nord du village et le versant opposé. Pendant la nuit du 9 au 10, les habitants se hâtèrent d'enfouir le reste de leurs objets précieux, et tous, nous attendîmes anxieux l'aurore de ce jour épouvantable dont le souvenir ne s'effacera qu'avec nous.

Le 9 au soir, le général Jouffroy, rentré au Grand-Lucé, recevait l'ordre de faire retraite sur le Mans par Parigné-l'Evêque. Le général Chanzy, pour faciliter cette rentrée dans les lignes de défense, ordonna de réoccuper notre village. La 2e brigade de la 1re division du 16e corps (lieutenant-colonel Pereira), fut chargée de l'exécution. A quatre heures du matin, le 2e bataillon du 39e de marche, composé de 5 compagnies (capitaine Sombret), arriva dans le bourg ; trois compagnies furent disséminées dans la vallée et vers les Lairs ; deux restèrent en réserve près de la mairie. Le reste de la brigade suivit le mouvement ; elle comprenait : le 3e bataillon de chasseurs à pied, dont deux compagnies de zouaves, ce qui restait du 39e de marche et du 75e mobiles ; la légion des mobilisés de Maine-et-Loire, une batterie de mitrailleuses (19e du 10e régiment, capitaine Delahaye), et une batterie de 4 (24e du 15e régiment, capitaine Dedouvres)

Cette colonne, retardée par l'abondance des neiges (0m20 centimètres), n'arriva à Parigné que vers 8 heures. L'ennemi s'était avancé par les Guettes, jusqu'à la Chouannerie. A peine arrivé à la hauteur de ce lieu, le 3e chasseurs à pied qui formait l'avant garde, fut reçu par un feu très-vif: Il s'éparpilla en tirailleurs, ainsi qu'une partie du 75e mobiles, et repoussa l'ennemi jusque dans les bois. La colonne put arriver au village avec plusieurs canons et mitrailleuses. Le feu de ces pièces arrêta les envahisseurs, et permit aux habitants de couvrir la route glissante de fumier et de sable, pour amener le reste de l'artillerie. La batterie Dedouvres put ainsi contrebattre deux batteries allemandes placées, l'une à La Ville (8 pièces), l'autre à la Beucherie (4 pièces), et un peu plus tard une 3e à la Ducherie (8 pièces), toutes à distance d'environ 1,500 mètres.

En même temps, le capititaine Delahaye amenait ses mitrailleuses entre les premières maisons, ouvrant son feu sur les tirailleurs ennemis, embusqués dans les bois qui couvrent les hauteurs à l'ouest, et bientôt sur deux nouvelles batteries qu'il forçait à changer plusieurs fois de position.

Il était 11 heures, et l'ennemi très-nombreux devenait pressant, la fusillade intense, et les obus broyaient les maisons; sauf quelques-uns, les habitants terrifiés se réfugièrent dans les caves ou s'enfuirent, certains pour ne revenir que quelques semaines après. En ce moment arriva la tête de colonne de la division Jouffroy (70e mobiles du Lot) amenant deux mitrailleuses et quatre pièces de 4. Le colonel Pereira crut un instant à un renfort sérieux de toute la division. Malheureusement le 45e de marche et le 1er bataillon de chasseurs, par suite d'ordres mal transmis, au lieu de suivre le 70e mobiles, prirent la route du Grand-Lucé à Saint-Mars d'Outillé. Le général Jouffroy craignant de se heurter à Parigné contre des forces trop nombreuses, résolut de rentrer au Mans par Mulsanne. Cette décision eut les conséquences les plus fâcheuses. En voyant arriver le 70e mobiles, le colonel Pereira fit de suite appuyer par un bataillon de ce régiment les tirailleurs du capitaine Sombret, postés dans les jardins en avant et au-dessous de notre artillerie, et surveiller les routes de Montort et de Challes.

Vers midi, l'ennemi augmentant en nombre, établissait de nouvelles pièces sur les crêtes à l'Est, vers les Lairs, et tentait de forcer notre gauche pour couper la retraite sur le Mans. Nos canons répondaient avec assez de succès à ceux des Prussiens, lorsqu'à une heure, les troupes qui gardaient la vallée furent écrasées sous le nombre de l'infanterie ennemie, qui pénétra dans le village par les chemins du petit Corlevé, de Montfort et de Clémarteau, et monta par les rues perpendiculaires à la route. Les mobiles s'étaient jetés dans les maisons et l'ennemi arrivait sur nos positions. Une pièce de 4, dont l'attelage était tué, ne put être sauvée. Cinq mitrailleuses allaient être prises, quand le colonel Pereira, appelant les deux compagnies de réserve du 39e de marche, quelques mobiles et des artilleurs, parvint à en sauver quatre ; la cinquième, dont l'attelage était anéanti, resta aux mains de l'ennemi.

Il n'y avait plus à tenir, les Prussiens attaquaient avec 15,000 hommes, et notre brigade composée d'environ 4,500 hommes, avait un officier tué, 15 blessés, et 1,370 hommes tués, blessés ou disparus depuis le matin. Le colonel Pereira ordonna la retraite par Ruaudin. Quant au 70e mobiles, il put sauver son artillerie un instant aux mains de l'ennemi, et opérer sa retraite vers Brette et Teloché où il rejoignit le capitaine Jouffroy.

Nous devons reconnaître que cette retraite se fit dans le plus grand désordre et devint bientôt une véritable déroute.

Pendant ce combat disproportionné de cinq heures, de nombreux morts et blessés tombèrent dans la campagne et dans le village. Le docteur Fournier fit transporter les blessés les plus rapprochés dans la classe des garçons transformée en ambulance, et dans les maisons particulières. D'autres furent recueillis par les habitants ou par les Prussiens qui leur donnèrent à la hâte quelques soins grossiers. Au moment de la prise du village, 25 blessés environ étaient dans l'ambulance de la mairie, recevant les premiers soins du docteur Glatigny, chirurgien-major au 39e de marche, lequel fut fait prisonnier avec ses blessés. Avec lui était l'adjoint au maire Bonhommet, occupé à recevoir les blessés qu'on lui envoyait Il fut averti d'avoir à se retirer, car une effroyable trombe de fer et de plomb s'abattait autour de l'édifice municipal qui fut atteint de 240 projectiles. La mort moissonnait autour de lui ; il refusa d'abandonner son poste, et, en cherchant à faire respecter l'ambulance, il fut renversé par l'avalanche de Prussiens qui se précipitaient dans la mairie.

La brigade française en fuite, les Prussiens se répandent dans les maisons, dans les caves, fouillant de tous côtés pour arrêter les soldats cachés, et réclamant vin, eau-de-vie, etc. Hélas! nous voyons ces ennemis maudits maîtres dans nos demeures, maltraitant les habitants, vidant les meubles, s'emparant de tout ce qu'ils trouvent à leur convenance, mordant à même d'énormes morceaux de beurre en criant : *cognac* ou *capout*!

Ils tournaient en ricanant autour du canon et de la mitrailleuse abandonnés, et firent trophée de trois vieux drapeaux qu'ils trouvèrent aux archives de la mairie.

Vers trois heures, la majeure partie des troupes ennemies évacua le bourg, et se dirigeant sur Changé, rejoignit le reste du 3e corps. Ils furent remplacés par une brigade du 10e corps (général Schmidt), composée en grande partie de cavalerie. Cette troupe s'empara de nos maisons, des boulangeries et de leurs approvisionnements, elle exigea tout ce qui lui était nécessaire. Le soir, plusieurs incendies menacèrent la sûreté du village, et ce ne fut qu'aux prix d'avanies que le maire obtint la permission d'éteindre les feux. Les écuries étaient insuffisantes, une partie des habitants furent chassés de leurs maisons pour y installer les chevaux prussiens.

Quelles misères pendant cette nuit et les suivantes, dans nos maisons pillées, saccagées, dont les fenêtres brisées par les projectiles, les murailles trouées par les obus laissaient passer un froid de dix degrés ! Aussi nos malheureux habitants, maltraités, sans pain, sans vêtements, étaient-ils affolés de désespoir.

Le 11, la brigade entière partit pour le Mans, et le bourg eut peu de troupes. Tout le jour, nos esprits anxieux écoutaient l'effroyable bruit des détonations de la bataille du Mans. Il nous souvient de la mine allongée des Prussiens, qui entendaient le soir les détonations des grosses pièces d'artillerie annonçant la résistance. Vers sept heures, toute cette brigade battait en retraite, et son avant garde allait jusqu'à Volnay. Les soldats se lamentaient dans les neiges, et criaient : *Ah ! malheur ! tous capout ! point revoir la Prusse !* C'était une consolation dans nos angoisses, que cette fatigue attristée de nos ennemis. Nous eûmes occasion de voir le général, et son atroce mauvaise humeur nous réjouit, malgré sa brutalité envers nous.

Le lendemain, vers huit heures, toute cette colonne repartit de nouveau ; et c'est elle, hélas ! qui eut l'honneur d'entrer la première dans le Mans.

Le 11, nous fûmes navrés par un bien triste spectacle : environ 2,000 soldats français de toutes armes, faits prisonniers, furent amenés comme un troupeau, sans sacs, sans vivres, épuisés de fatigue. Les Prussiens les enfermèrent dans l'église, sans leur donner d'aliments. Nous n'en avions guère pour nous-mêmes, néanmoins nous préparâmes pour ces malheureux quelques chaudrons de bouillon avec de la viande de vache et de cheval. Les Prussiens eurent l'infamie d'uriner dans les chaudières, qu'il fallut transporter dans la cour du presbytère. Le matin, ces maudits ne voulurent pas même permettre la distribution des aliments que nous avions apprêtés, et nous eûmes la douleur de voir nos pauvres soldats tomber de fatigue et de désespoir le long de la route.

Jeudi 12 janvier, trois énormes convois de munitions traversèrent notre village, se dirigeant sur le Mans. Nous ne pourrions dire combien d'ennemis occupèrent notre bourg et la campagne pendant toute cette semaine. Il suffira d'exposer que le 14, à onze heures du soir, 120 cavaliers ne purent trouver à se caser et s'en allèrent à Challes. Aussitôt arrivés, ils forcèrent les habitants à se lever, mirent les meubles dehors avec les familles, et installèrent leurs chevaux et eux mêmes dans les maisons. Cette seule nuit causa la mort de cinq habitants de Challes.

Les mêmes scènes se répétèrent pendant tout le mois. Les maisons isolées étaient pillées, celles dont les propriétaires avaient fui, étaient les moins épargnées, tout y était détruit à plaisir.

Dans la première semaine, nous fîmes enterrer nos morts et les chevaux tués, nous eûmes à nous rendre compte des blessés, à les installer et les soigner comme il sera dit plus tard. Les Prussiens s'emparèrent de toutes les maisons du bas du village, depuis le chemin de Montfort jusqu'à La Touche, et de quelques autres sur la route et les rues traversières. Ils y installèrent leur ambulance et 430 blessés. Nous fûmes forcés de leur fournir tous les vivres nécessaires, en même temps qu'il fallait subvenir à l'alimentation de notre population et de 122 blessés français.

Les farines manquaient, les boulangers n'en pouvaient fournir, et après 13 jours nous étions sans pain, sans sel, avec 3,800 francs de dettes. Le maire réunit les conseillers municipaux; quatorze répondirent à son appel. Il leur exposa la situation; on décida d'emprunter solidairement 2,000 fr. afin de pourvoir au plus pressé. Avec cette somme, nous achetâmes du blé. Un laisser-passer prussien fut nécessaire pour le conduire au moulin, et il fallut que des sentinelles prussiennes gardassent les boulangeries, pour empêcher les soldats valides de voler le pain réservé aux habitants et aux malades.

Au milieu de l'effrayant chaos dans lequel nous étions plongés, il est consolant de constater que pas un habitant n'a pactisé avec nos ennemis, ni cherché par lâcheté à s'en faire bien voir. Trois mauvais sujets voulurent profiter de nos misères pour intimider les habitants isolés ou découvrir les objets cachés. Ils furent, par l'administration municipale, mis en prison et gardés de 4 à 8 jours.

Entre tous les dévouements que nous eûmes à constater, il en est que nous devons surtout faire connaître. Avec la conscience du devoir accompli, c'est la seule récompense qu'ils auront reçue.

L'adjoint au maire, M. Th. Bonhommet que nous avons vu au plus fort du combat refuser de quitter l'ambulance, ne cessa chaque jour d'habiter la mairie. Du matin au soir, il répondait aux réquisitions ennemies, veillait à l'installation et à la protection de nos blessés français que le docteur Fournier faisait transporter de la campagne dans le village après leur avoir donné les premiers soins. Chaque soir, conjointement avec le maire, il préparait les distributions de viande et de pain pour le lendemain, et il ne se retirait que lorsque tout le village était en repos. Ce dévouement a duré tout le temps de l'occupation et ne s'est point démenti depuis, dans les longs travaux qu'exigea la liquidation de nos charges.

M. Deneu, secrétaire de mairie et instituteur, dont nous avons déjà cité les services lors du passage du 21e corps, a subi plus que tout autre les misères de l'invasion. Logé à la mairie, objectif de toutes les troupes de passage, dépouillé de tout : vivres, vêtements, linge, etc., forcé de passer les nuits sur une chaise dans une pièce froide, dans sa maison saccagée et constamment occupée, malade de corps, il eut la constance dès le 12 janvier jusqu'au dernier jour, de tenir note des distributions faites à chaque blessé, d'établir des sections entre ceux-ci, de répartir les bons de pain, viande, vin, bois, etc. Sans sa courageuse persévérance, nous n'aurions pu établir des comptes réguliers, et notre commune aurait subi de grandes pertes. Pour peindre l'abnégation de cet homme de bien, révéré depuis 40 ans par notre population, ajoutons que, chargé de l'immense travail des réquisitions françaises, et des réclamations pour dégâts prussiens, il ne voulut lui-même présenter aucune note et ne reçut aucune indemnité.

L'armistice, loin de nous amener du soulagement, augmenta nos charges. Outre les blessés des deux nations et vingt cinq hommes de l'ambulance allemande, il nous arriva le 28 janvier une garnison de deux cent douze artilleurs et deux cents chevaux ; le 29, deux cent cinquante fantassins et douze chevaux. C'était un total de près de onze cents hommes et deux cent cinquante chevaux à loger et à nourrir ! Les protestations énergiques, les démarches du maire, appuyées par le chef d'ambulance allemande, docteur Skrzeczka, auprès du général en chef du 3e corps, Alvensleben, réussirent à nous débarrasser de l'artillerie après trois jours, de l'infanterie après huit jours. Nous prîmes l'engagement de fournir aux blessés allemands leur alimentation en pain, viande, vin, légumes, lait, etc. A ces conditions, nous fûmes assez heureux pour obtenir défense d'exercer des réquisitions sur Parigné. Il n'y eût plus que des rapines peu importantes.

Le 7 mars, les Prussiens opérant leur retraite, nous logeâmes le 35e régiment de Brandebourg, qui repartit le lendemain. Enfin, le 9, passa un autre régiment d'infanterie qui ne s'arrêta pas et alla coucher au Grand-Lucé. C'étaient les derniers que nous devions voir. Aussitôt leur départ, tous les visages s'épanouirent, nos poitrines se dilatèrent : tous, nous nous sentions délivrés d'une lourde oppression.

C'était la fin de cette période cruelle, de ces douleurs sans nom que, trois fois en cinquante cinq ans, nous avons subies par les fautes de deux Napoléons. Puisse cette triple et désastreuse expérience nous instruire et nous persuader qu'il ne faut jamais livrer la patrie à un homme, quel que soit l'homme, quelles que soient les circonstances.

Ambulance française après le 10 janvier

Nous avons dit que, pendant le combat, environ vingt-cinq blessés, dont deux Prussiens, avaient été apportés à la mairie, transformée en ambulance. Beaucoup d'autres furent recueillis dans les maisons au devant desquelles ils avaient été frappés. Ce n'est que dans la soirée, et même le lendemain, paraît-il, pour quelques-uns, que les malheureux, tombés dans les champs couverts de neige, purent être enlevés et transportés dans les maisons du voisinage, soit par les Prussiens, soit par les habitants rentrés dans leurs demeures. Il fallut trois jours pour se rendre compte du nombre et de l'habitation des blessés ; et, pendant ce temps, plusieurs ne furent soignés que par les personnes qui les avaient recueillis.

Deux médecins ne pouvaient suffire aux pansements et opérations graves ; heureusement pour nos pauvres blessés, le docteur Marchand, de Durtal, chirurgien des mobilisés de Maine-et Loire, fut fait prisonnier le 11 janvier au soir, et amené à Parigné-l'Evêque. Nous pûmes le faire délivrer, ainsi qu'un jeune étudiant du Lot, Ortal de la Garde, et ils nous rendirent les plus grands services.

Le 15 janvier, l'ambulance internationale de la Gironde nous laissa un aide-major, un sous-aide et un infirmier. Dès lors, le maire put organiser les soins aux blessés. Les deux chirurgiens, docteurs Glatigny et Marchand, furent chargés des blessés du bourg, et le docteur Fournier, de ceux qui se trouvaient disséminés dans la campagne.

C'est au milieu d'avanies de toutes sortes que ces médecins durent accomplir leurs fonctions ; ainsi, trois fois dans le même jour, les Prussiens mirent leurs chevaux dans l'ambulance de la mairie, au milieu des blessés, et chaque fois nous dûmes recourir à l'intervention du médecin en chef allemand, le docteur Skrzeczka, pour protéger nos malheureux compatriotes. Enfin, pour leur éviter des mauvais traitements sans cesse renouvelés, le maire fit appel au cœur des habitants. Aussitôt, malgré leurs propres misères, tous ceux qui avaient un peu de place à leur foyer vinrent chercher des blessés. En peu d'heures, l'ambulance fut vidée, et nos chers soldats, accueillis dans 87 maisons, y reçurent jusqu'à leur guérison ou leur mort les soins les plus touchants.

Outre ceux qui moururent le soir du combat et le lendemain, nous eûmes à pourvoir aux besoins de 122 blessés français. Ce nombre est loin de représenter tous les soldats atteints de projectiles. Les plus légèrement blessés purent suivre la colonne française, et il nous resta presque exclusivement des hommes atteints de blessures moyennes ou graves.

Nous ne pouvons nommer ici tous les habitants qui se sont signalés par leur humanité auprès de nos blessés; nous sommes heureux de le constater, il faudrait les nommer presque tous. Néanmoins, comme dans le dévouement il y a encore des degrés, nous sommes certain de n'être que juste en citant entre tous : Dailland, L., qui eut 4 blessés et passa plus de 30 nuits de suite auprès d'eux; Hervé, des Defais, vieillard, resté seul plusieurs jours avec 7 blessés; Fouquet-Leproust, dont la femme soigna seule, pendant plusieurs jours, jusqu'à 9 sujets; Mme veuve Cordelet, qui pendant plusieurs mois, soigna et entretint 3 blessés, en partie à ses frais; A. Blanchet,

Lehain-Mainette et Brard-Chevalier, qui conservèrent leurs malades pendant quatre et cinq mois; Mme Chapez qui en eut jusqu'à 15 à la fois; Touchard-Landeau, Terpereau-Plais, Bouteiller-Chauvin, Ravault, Leporcher, dont les blessés subirent de graves opérations.

Peu à peu, pendant la semaine, le maire fit transporter dans les maisons du bourg, les soldats les plus gravement blessés disséminés dans la campagne ; et malgré leur nombre, celui des citoyens qui s'offrirent à les recevoir fut encore plus considérable.

La pénurie des objets nécessaires fut extrême pendant les premiers jours : peu de médicaments, pas d'instruments de chirurgie, à peine les choses indispensables. Il était impossible de se les procurer au Mans. Heureusement, dès le 14 janvier, M. Miles Lewis, délégué de la société nationale anglaise pour les secours aux blessés, nous fit don d'un grand nombre d'objets de première nécessité : chloroforme, sparadrap, acide phénique, objets de pansement, boîte d'amputation, vêtements de laine, chemises, sucre, vin de Porto, café, riz, bougies , etc. Certes , au prix où étaient alors tous ces dons, leur valeur pouvait dépasser mille francs. Quelques jours après, MM. Forster, de la société du prince de Galles et le comte de la Romanée, du comité de secours de Versailles, nous donnèrent des vêtements de laine et vingt-cinq couvertures.

Les habitants preparaient les aliments de leurs hôtes, leur fournissaient le lit et souvent du linge de pansement. L'administration municipale dut pourvoir au reste. Chaque blessé reçut tous les trois jours : 1 kilogramme de viande et 1,500 grammes de pain. En outre, on distribua chaque jour à tous ceux à qui les médecins l'ordonnèrent, et ce fut presque à tous, café, sucre, eau-de-vie, vin, lait, riz, etc. Les Prussiens ayant brûlé les réserves de chauffage, nous dûmes faire des distributions de bois aux ménages les moins fortunés.

Si l'on considère le haut prix des denrées telles que le café, le sucre, chocolat, riz et médicaments, on comprendra quelle dépense résulta du grand nombre de nos blessés pendant 4,812 journées d'ambulance.

Aussi, grâce aux mesures prises et à la bonne volonté de tous, aucune ambulance dans la Sarthe ne donna d'aussi heureux résultats. De nos 122 blessés, la mort en enleva 13 avant le 21 janvier ; 7 jusqu'au 31 janvier ; 4 en février ; 2 en mars ; 1 en mai ; total 27. 95 guérirent, soit dans notre ambulance, soit dans leur pays, après l'évacuation.

Pendant trois semaines, nous pûmes conserver notre service médical organisé comme il a été dit Mais alors, le docteur Glatigny et, huit jours après, le docteur Marchand obtinrent, en vertu de la Convention de Genève, de rentrer à leurs corps. Un seul médecin ne pouvant suffire aux besoins des blessés et de notre population, sur laquelle sévissait une cruelle épidémie de variole hémorragique, nous dûmes évacuer 21 blessé moyens sur Ecommoy ; le reste fut soigné par le docteur Fournier, conjointement avec un aide-major et deux sous-aides de l'ambulance Girondine, auxquels s'adjoignirent quelquefois leurs chefs, les professeurs Lande et Demons, de l'Ecole de Bordeaux.

Nous devons rendre ici hommage au personnel de cette ambulance. Arrivés peu de jours après la prise du Mans, ils allèrent s'installer à Changé, où 248 blessés français, sans secours d'aucune sorte, mouraient de faim, de froid et de souffrances. Il en était de même à Champagné. Le regrettable Francis de Luz, directeur de la Gironde, établit le service pour ces communes, au milieu de vexations et de rapines de toutes natures. Ils nourrirent tous les blessés à leurs frais, établirent même une succursale au Mans, et réussirent à sauver un grand nombre de compatriotes qui, sans eux, eussent succombé dans le plus affreux dénuement.

A Parigné-l'Evêque, ils prêtèrent trois membres de leur personnel et fournirent deux barriques de vin. Ils furent licenciés le 17 mars, et rentrèrent dans leur Faculté, justement fiers, il nous plaît de le penser, d'avoir rendu de si éminents services. Ajoutons que quelques mois après, cette société nous envoya un secours de 1,000 fr. avec affectation spéciale qui fut religieusement remplie.

Le compte-rendu de ses travaux a été publié à Bordeaux en 1871. Qu'on nous permette une légère rectification. En racontant son intervention dans notre établissement hospitalier de Parigné-l'Evêque, l'ambulance se fait la part du lion, et s'attribue le principal et presque unique rôle. Or, nous devons à la vérité de dire que toutes les opérations graves ont été faites sans sa participation, et que l'organisation générale n'émanait point d'elle.

Le départ de l'ambulance Girondine, nous obligea à une nouvelle évacuation de blessés sur le Mans. Il nous en resta quatorze que le docteur Fournier soigna jusqu'à ce qu'ils fussent transportables. Les derniers partirent le 30 avril ; un seul resta jusqu'au 29 mai, où la mort le ravit aux admirables soins de la famille Brard-Chevallier.

En même temps guérissait le seul habitant de Parigné-l'Evêque blessé dans le combat, une petite fille de 7 ans qui avait eu la cuisse brisée par un éclat d'obus.

Élections générales.

Le 10 février, sous les yeux de l'ennemi, les habitants furent appelés à élire neuf députés à l'Assemblée nationale. Le vote eut lieu à Parigné-l'Evêque, pour les communes de Ruaudin et Challes. Sur 1,673 électeurs inscrits, 745 votèrent. La liste républicaine réunit de 581 à 518 voix ; la liste de fusion monarchique, 232 à 143 votes.

Élections municipales

L'Assemblée nationale ayant ordonné les élections municipales, celles ci eurent lieu le 30 avril, par toute la France. Alors cessaient naturellement à Parigné les fonctions de la municipalité provisoire. La nouvelle loi donnant aux conseils le droit d'élire leurs maires et adjoints, le nôtre voulut bien honorer de son choix ceux qui depuis six mois avaient été à la peine, et MM. Fournier et Bonhommet furent invités à continuer leurs fonctions. Ce ne fut pas sans peine qu'ils acceptèrent, la préfecture en sait quelque chose. Le Conseil leur adjoignit M. A. Blossier, dont le dévouement, avant et pendant l'invasion, avait été remarqué de tous.

Élections départementales.

Enfin, en octobre 1871, eut lieu l'élection d'un conseiller général pour le 3e canton du Mans. M. Cordelet, un de nos concitoyens, fut nommé à une énorme majorité.

Honneurs funèbres aux victimes de la guerre.

Cependant la paix étant revenue, on sait aux prix de quels sacrifices, chaque commune regarda comme un devoir d'honorer publiquement les soldats tombés en défendant son territoire. Parigné-l'Evêque ne resta point en arrière. Plusieurs de ses propres enfants étaient morts pour la patrie, et déjà, la municipalité, afin de sauver leurs noms de l'oubli, les avait fait graver en lettres d'or sur une dalle de marbre scellée dans l'église. A côté de ces noms glorieux, l'étranger peut lire l'expression de notre reconnaissance pour les régiments qui nous ont si vaillamment défendus.

Mais ce n'était point assez, nous voulions encore rendre à tous ces braves un solennel hommage. A cet effet, une cérémonie patriotique et religieuse eut lieu le 15 janvier 1872, et fut présidée par M. le préfet Tassin, MM. le conseiller général et le conseiller d'arrondissement du canton tinrent à honneur d'y assister.

On peut évaluer à 3,000 personnes la foule émue et silencieuse accourue de tous côtés à l'invitation du maire.

En sortant de l'église, M. le préfet accompagné du maire et du conseil municipal et suivi d'une foule nombreuse se rendit au cimetière. Là, près de ces simples tombes, en face du champ de bataille du 10 janvier, il prononça un discours dont nous aimons à rappeler un passage, car les éloges qu'il contient ne sont qu'une juste recompense accordée au dévouement dont les habitants de Parigné ont fait preuve :

« Parmi ces généreux enfants accourus de tous les points de la France, pleins d'ardeur et de dévouement, qui, sans calculer qu'ils luttaient un contre dix, tentaient un héroïque effort pour arrêter la marche de l'armée ennemie ; les uns tombaient pour ne plus se relever, vous les ensevelissiez avec un soin pieux ; les autres qu'animait encore un souffle de vie, vous les transportiez dans vos ambulances, habilement organisées, savamment dirigées par un homme.... Sa modestie ne me pardonnerait pas si je vous le nommais, mais vous le connaissez tous. .; et vous prodiguiez à vos malades tous les soins que la science et la charité peuvent donner, soins trop souvent impuissants contre une mort implacable. Tous ceux que la mort a moissonnés, ils dorment du sommeil éternel dans ce champ du repos. Vous n'avez pas voulu laisser passer ce triste anniversaire sans leur rendre un dernier hommage, sans faire célébrer pour eux des prières publiques : c'est une noble pensée ; je vous remercie de m'avoir demandé de m'y associer. »

Après cette cérémonie, un modeste banquet offert par le maire, réunit chez lui : M. le préfet, MM. les conseillers et quelques maires des communes voisines. Les esprits purent alors se détourner des tristes pensées du matin, pour se porter avec espoir vers l'avenir.

Ici s'arrête naturellement notre récit. Disons pourtant quelques mots sur ce qui suivit :

Le maire, regardant sa mission comme terminée, désira abandonner la direction de l'administration municipale, pour rentrer dans la vie privée ; il adressa sa démission à M. le préfet, et fut forcé de la réitérer trois fois avant qu'elle fut acceptée. Le Conseil municipal réuni le 8 février 1872, pour choisir un nouveau maire, réélut à l'unanimité le docteur Fournier avec l'ordre du jour suivant :

« Le Conseil municipal, interprète des » sentiments de la commune, qu'il partage » à l'unanimité, témoigne sa reconnais» sance à M. Fournier pour les nombreux » services qu'il a rendus comme maire, » pendant l'invasion prussienne, en nous » préservant de grands maux qu'il a dé» tournés par ses fréquentes démarches » auprès des principaux officiers ennemis. » Son dévouement dans toutes les circons» tances s'est montré au-dessus de tout » éloge. Le Conseil adresse également des » remercîments à ses adjoints, MM. Bon-

» hommet et Blossier, qui l'ont secondé de
» tous leurs efforts. »

Devant un tel vote, il n'y avait qu'à obéir ; le maire reprit ses fonctions et les remplit jusqu'au jour (10 février 1874) où il fut, ainsi que ses adjoints, révoqué sans grande cérémonie par M. le préfet Tassin et remplacé par l'administration démissionnaire, en octobre 1870, prise en dehors du Conseil municipal élu en 1871.

APPENDICE

Liquidation des bons de réquisition français.

Le Conseil municipal s'occupa, pendant les années 1871 et 1872, à réparer les misères de l'invasion. On eut à établir les dettes qui incombaient à la commune, et à trouver les moyens d'y pourvoir; à faire solder toutes les réquisitions faites par l'armée française, laborieux travail qui n'est même pas terminé en novembre 1874; enfin à constituer l'état des pertes causées à la commune et aux particuliers par l'invasion.

Les bons de réquisition pour l'armée française étaient délivrés, tantôt par la mairie avec signature de la partie prenante, tantôt directement par les officiers ou sous-officiers, et même quelquefois par de simples soldats. Nos habitants ignoraient l'usage de ces bons et la manière dont ils devaient être libellés pour être réguliers. Il en résulta d'énormes difficultés lors de la liquidation de la deuxième armée de la

Loire. Tous ceux qui purent se faire payer avant l'invasion n'éprouvèrent pas de grands ennuis ; mais après la guerre, les intendants refusèrent un grand nombre de bons jugés d'une orthodoxie insuffisante. L'on dut retourner ces bons aux régiments dont ils émanaient ; or, c'étaient des régiments de marche, qui, après la guerre, avaient été disloqués et versés dans divers autres ; de là, des correspondances interminables pour quelquefois une botte de foin ou quelques litres d'avoine. Enfin, à l'heure où nous écrivons, une quinzaine de ces bons sont encore en souffrance.

Les pertes causées aux particuliers par les divers passages de l'armée française, se sont confondues avec celles que l'invasion a fait éprouver, et n'ont pu être évaluées même par approximation. Comme elles ne laissaient pas d'avoir une certaine importance, elles furent jointes, par la plupart des habitants, à celles qui provenaient des Allemands.

Évaluation des dégâts causés par l'invasion aux particuliers.

Ceux de nos concitoyens qui eurent personnellement le plus à souffrir de la brutalité et de la rapacité prussiennes, furent ceux chez lesquels étaient installées les ambulances ennemies, et entre autres les hôteliers Beury-Bardet, Bourgoin, Cottereau et Blanche, dont les maisons étaient bondées de blessés allemands.

Un seul fait, pour montrer l'infâme méchanceté tudesque :

Chez Mlle Roucière, les Prussiens, à leur départ, enfouirent dans les cendres du fourneau une boîte contenant trente cartouches; et un heureux hazard seul empêcha une douloureuse catastrophe.

Après l'évacuation, chacun fut invité à dresser la note de ses pertes, comme dans tous les départements envahis. Trois cent soixante-sept personnes répondirent à cet appel. Une commission cantonale examina superficiellement ces notes, dont quelques-unes portaient l'empreinte d'une exagération regrettable, fit quelques réductions, et arrêta le total pour les habitants de Parigné-l'Evêque, à 117,239 fr. Sur cette somme, l'Etat donna 27 0/0 environ d'indemnité.

Les réclamations les plus élevées furent celles de :

MM.	Heulin, Lucien, marchand,	6,000 f.
	Fontaine, marchand forain,	3,783
	Touchard, notaire,	2,900

Dubois, Charles, cultivateur, 2,600
Dubois, Eugène, usinier, 2,478
Hénou, René, cultivateur, 2,461

Dettes de la commune et recherche des moyens d'y pourvoir.

Le Conseil municipal réunit dans un seul bloc les réquisitions prussiennes et les dégâts causés aux propriétés communales. Le chiffre de ces dépenses ne put être établi que successivement lorsque les travaux de réparations furent terminés. Après un aperçu général, aussi approximatif que possible, il fut évalué à 5,494 francs. Pour nous procurer les ressources nécessaires, nous éprouvâmes de grandes difficultés, et nos démarches auprès de l'Etat, par l'intermédiaire du préfet, n'eurent aucun résultat. Le Conseil chargea le maire de porter ses réclamations à Versailles, au ministre des finances. M. Pouyer Quertier, alors ministre, promit d'abord de faire payer ces dépenses par les Allemands, comme fournitures à leurs blessés. M. Busson Duvivier, député, appuya à diverses reprises notre demande, mais les Allemands refusèrent de reconnaître aucune dépense avant le 3 mars 1871, jour de la conclusion de la paix.

Nos réclamations étaient antérieures à cette date ; partant, point d'argent. Nous dûmes alors porter ces dépenses sur l'état général des pertes causées par l'invasion, qui fut ainsi élevé à 122,733 francs, et au milieu de 1872, la commune toucha l'intégralité de sa réclamation.

Les dépenses provenant des ambulances, donnèrent lieu à d'autres travaux.

Au milieu de l'effroyable chaos dans lequel nous vivions, il fut impossible de tenir une comptabilité spéciale à chaque nation ; d'autant que les blessés Français et Allemands furent pendant quelque temps réunis dans les mêmes maisons. Les frais occasionnés par les blessés Prussiens, plus nombreux que les nôtres, ont été cependant beaucoup moins élevés, parce que nous ne fournissions que le pain et la viande, et d'ailleurs, leur nombre diminua très-rapidement par des évacuations successives. Les blessés Français, au contraire, furent fournis de tout le nécessaire, comme nous l'avons raconté.

Le Conseil, par ces motifs, fut forcé de réunir en un seul compte les dépenses causées par les ambulances des deux nations. Grâce aux importants secours en nature donnés par les Anglais ; grâce au désintéressement de quelques habitants, qui nourrirent leurs blessés à leurs frais, et du docteur qui ne voulut pas d'honoraires pour ses soins, pendant six mois ; et aussi par la réduction de plusieurs mémoires, le total des dépenses pour blessés fut arrêté à 9,075 francs. Sur cette somme, nous reçûmes de l'Etat 6,015 francs pour 4,812 journées de séjour des blessés français, sur présentation d'états bien réguliers et approuvés par l'intendance.

A ces deux sommes de 5,494 et 6,015 fr.

faisant un total de	11,509 fr.	»»
nous pûmes ajouter diverses ressources, savoir :		
Dons de diverses sociétés	800	»»
Dons de particuliers, quêtes	300	10
Ventes effectuées	442	40
Recettes diverses	93	90
Emprunt du 26 janvier 1871	2000	»»
Total général	15,145 fr.	40

Cet ensemble de recettes ne fut réalisé que successivement ; les paiements eurent lieu par séries et par ordre d'urgence.

On solda d'abord toutes les fournitures des ambulances et les frais s'y rattachant : convois, dépenses funéraires, etc. 9,075 fr. »»

Ensuite l'emprunt et les intérêts.	2,053	55
Puis, vinrent les réparations aux édifices, mobiliers communaux et scolaires, renouvellement des plantations détruites, chemins ruraux etc.	2,516	» »
Il resta disponible :	1,500	» »
Total	15,145 fr.	55

Ce reliquat de 1,500 francs fut versé, avec l'autorisation du préfet, à la caisse du percepteur, et affecté par le Conseil à aider la construction de l'école des filles et d'un aqueduc sur la place de l'église.

De l'ensemble de cette liquidation, il résulte que toutes les dettes léguées par l'invasion ont été acquittées avec des ressources venues du dehors, et sans qu'il en coûte un centime à la commune, et qu'un boni de 1,500 fr. a servi à solder des dépenses qui, sans cette ressource, eussent été prises sur les impôts.

Pour terminer ce qui concerne les comptes ci-dessus, et répondre aux calomnies de quelques esprits malveillants, nous ajouterons que l'ensemble de toutes les recettes et dépenses fut l'objet d'un rapport général accompagné de toutes les pièces justificatives et approuvé à l'unanimité par le Conseil municipal dans une délibération ainsi conçue :

« Nous, soussignés, membres du Con-
» seil municipal de Parigné-l'Evêque, vu
» le rapport de la Commission,

» Considérant que c'est grâce aux actives
» démarches qu'a faites M. Fournier,
» maire, près des diverses autorités, qu'il
» a pu réaliser une bonne partie des re-
» cettes mentionnées d'autre part, qui ont
» permis au Conseil de payer beaucoup de
» dettes criardes et toutes celles contrac-
» tées par suite de l'invasion allemande,
» lesquelles dettes eussent été difficilement
» acquittées sans ces précieuses res-
» sources ;

» Considérant les services rendus à la
» commune par M. Fournier, et comme
» maire et comme médecin, pendant les
» douloureux événements de 1870-1871 ;

» En restant toujours à son poste, en
» montrant en face du danger une attitude
» calme et énergique, et en relevant le
» le moral des habitants qui dans ces mo
» ments de défaillance, suivant le digne
» exemple de leur maire, n'ont cessé de
» se montrer fermes et courageux, ont fait
» largement leur devoir :

» Pour tous ces motifs,

» Déclarons à l'unanimité n'avoir que
» des éloges à adresser à M. Fournier,
» ainsi qu'à MM Bonhommet alors son
» adjoint, Blossier alors adjudant de la
» garde nationale, et Deneu, secrétaire
» de mairie qui l'ont secondé avec le plus
» grand zèle pendant ces temps calami-
» teux.

» Déclarons, en outre, nous rendre mo-
» ralement et solidairement responsables
» des dépenses portées au présent rapport,
» lesquelles dépenses étaient toutes urgen-
» tes, et n'ont été faites et soldées qu'avec
» notre plein et entier assentiment.

» *Parigné-l'Evêque, 21 novembre 1874.*

» Les membres du Conseil municipal :

» CARREAU fils, CHARTIER, CORDELET, LEPORCHER, BEAUVAIS, MONTAROU, TROTTÉ, RAVAUX, DAILLAND Louis, DUBOIS, BLANCHET, BLOSSIER, BONHOMMET, CHOPLIN. »

Nous devons ajouter que cette approbation si honorable accordée à la municipalité renversée, a été ratifiée par la commune entière aux élections du 22 novembre 1874.

La municipalité révoquée et le Conseil tout entier ont été réélus avec 10,658 voix, soit 7,045 de plus que n'en a obtenu la liste de l'administration municipale imposée.

Enfin, par suite de circonstances que tout le monde connaît à Parigné, et partant inutiles à raconter, une enquête a été ordonnée par la préfecture, et minutieusement et impartialement faite par le juge de paix du troisième canton. Nous croyons savoir qu'elle a eu pour résultat l'éloge de l'administration élue.

Une dalle commémorative en marbre noir, placée dans l'église de Parigné-l'Évêque, porte l'inscription suivante :

DIEU ET PATRIE

A LA MÉMOIRE

De 75 soldats Français, victimes des Prussiens, au combat de Parigné-l'Evêque.

39e régiment de ligne.
3e bataillon, chasseurs et zouaves.
24e batterie d'artillerie, 15e régiment.
19e batterie mitrailleuses, 10e régiment.
75e mobiles (Loire-et-Cher).
Capitaine Odon de Meckenheim d'Arthaise.
Mobilisés (Maine-et-Loire).
70e mobiles (Lot).

A LA MÉMOIRE

Des Enfants de Parigné-l'Évêque, *morts pour la France pendant la guerre de 1870-1871.*

Carreau, Jean.
Carreau, Julien.
Colas, Baptiste.
Foucré, Edd.
Froger, Julien.
Johan, Lucien
Lasne, Désiré.
Legeay, Joseph.
Legeay, René.
Lemarchand, Louis.
Mainette, Louis.
Pineau, Louis.
Poirier, Eugène.
Terpereau, Hippolyte.
Touet, Pierre.
Trotté, Julien.
Verdier, Lucien.
Vigroux, Albert.

Témoignage de reconnaissance envers les habitants dont les admirables soins ont causé la guérison d'un grand nombre de blessés.

DE-PROFUNDIS

BIBLIOTHÈQUE NATIONALE IMPRIMÉS

Angers. — Imp. du Commerce, L. Hudon.

www.ingramcontent.com/pod-product-compliance
Ingram Content Group UK Ltd.
Pitfield, Milton Keynes, MK11 3LW, UK
UKHW021313190726
13839UKWH00007B/1205